This book belongs to

_____

my mummy is the best because she takes me to the playground

my mummy is
the best because
she loves me to
the moon
and back

my mummy is
the best because
she hugs me

my mummy is
the best because
she feeds me
healthy food

my mummy is
the best because
she keeps me
nice and clean

HORSE
SHAMPOO

my mummy is
the best because
she swims with
me

my mummy is
the best because
she puts lots of
bubbles in my bath

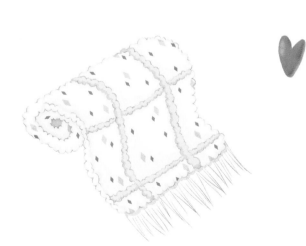

my mummy is
the best because
she makes me laugh

my mummy is the best because she lets me help in the garden

my mummy is
the best because
she keeps me
warm and cosy

my mummy is
the best because

she holds my
hand

my mummy is
the best because
she takes me
on adventures

my mummy is the best because she bakes yummy cakes

my mummy is
the best because
she takes me
to the zoo

my mummy is
the best because

she keeps me
strong and
healthy

my mummy is
the best because
she takes me out
into nature

my mummy is
the best because
she always takes
care of me

my mummy is
the best because
she is strong
and beautiful

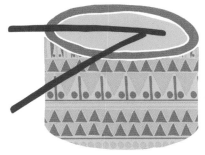

my mummy is
the best because
she is my
best friend

Printed in Great Britain
by Amazon